나노 기술, 축복인가 재앙인가?

민음 바칼로레아 020

나노 기술,
축복인가 재앙인가?

루이 로랑 · 장 클로드 프티 ㅣ 손병혁 감수 ㅣ 이수지 옮김

민음in

차례

1

나노 기술 이란
무엇일까?

나노 기술, 축복의 시작인가?

인류의 역사에서 20세기 말은 아마도 과학 기술 혁명의 시대로 기억될 것이다. 이 시기에 과학은 물질을 원자 수준에서 이해하고, 생명 현상을 분자 수준에서 설명하는 데 탁월한 성과를 거두었다. 그와 동시에 이후 인류의 삶에 막대한 영향을 미칠 새로운 분야가 과학에서 나타났다. 정보 처리 기술의 발전에 힘입어 물리학, 화학, 생물학이 나노미터˚ 수준에서 통합되면서 **나노 과학**이 탄생한 것이다.

● ● ● ●

나노미터 1미터의 10억분의 1에 해당하는 길이로 흔히 빛의 파장을 나타내는 단위로 쓰인다. 기호는 nm이다.

나노 과학이 처음으로 언급된 것은 1959년 말 캘리포니아 공대 대학원에서 열린 미국 물리학회 연례 모임 때였다. 노벨 물리학상 수상자인 리처드 파인먼*이 「바닥에는 공간이 많다」라는 제목으로 행한 강연에서였다. 그로부터 40여 년이 지나 21세기에 들어선 지금 나노 과학은 단순히 새로운 학문 출현 이상의 의미를 띠게 되었다.

나노 과학은 물리학, 화학, 생물학 등 서로 다른 학문들의 성과가 분자 수준에서 수렴된 결과이다. 더 나아가서 나노 과학은 과거에 연구자 자신도 모르는 사이에 이미 나노미터 수준에서 이루어졌던 수많은 연구 결과들을 새롭게 조명하는 방식이기도 하다.

그런데 이러한 수렴 또는 재조명 현상은 순수한 이론적 차원의 문제만은 아니다. 새로운 연구 성과에 대한 응용이 쉴 없이 계속되는 기술 분야에서도 나노 과학으로 인한 변화의 바람

● ● ●

리처드 파인먼(Richard Feynman, 1918~1988) 미국의 이론 물리학자. 소립자와 관련된 문제를 해결하는 데 광범위하게 이용할 수 있는 이론을 완성하여 노벨 물리학상을 받았다. 제2차 세계 대전 중에는 원자폭탄 개발에 참여하기도 했다. 저서로는 『파인먼 씨, 농담도 잘하시네』, 『양자전기역학』, 『파인먼 물리학 강의』, 『QED』 등이 있다.

이 거세게 불기 시작했다.

 1990년대에 들어서자마자 사람들은 기계 공학, 생명 공학, 정보 기술이 만나는 지점에 인공 지능, 로봇 동물 등과 같은 새로운 응용 가능성이 있음을 깨닫게 되었다.˚ 지금까지 미국, 유럽 연합, 일본 등 선진 국가들은 이 분야에 앞 다투어 수십조 원 규모의 투자를 시작했으며, 그에 따른 잠재적 이득이나 위험 또한 급속히 커지고 있다.

 정보 통신 기술 분야에서도 역시 나노 기술 혁명이 진행 중이다. 나노 기술을 이용해 현재 소형 컴퓨터 안에 들어 있는 집적 회로보다 훨씬 더 나은 정보 저장 능력과 훨씬 더 높은 처리 능력을 갖춘 시스템을 만들려는 시도가 끊임없이 이어지고 있다. 현재 수준의 소형 컴퓨터만 하더라도 이미 똑같은 비용을 들이면서도 초창기 소형 컴퓨터에 비하여 정보 처리 성능이 수십 배나 더 나아졌다.

 의학 부문도 나노 기술의 발달에 영향을 받고 있다. 나노미터 크기의 도구를 이용하여 **생체 분자**˚를 더 효율적이고 효과 🍎

● ● ●

로봇 동물 이에 대해 자세히 알고 싶은 사람은 이 시리즈에 속한 『인간과 똑같은 로봇을 만들 수 있을까?』를 참조하라.

적으로 감지하고 그것을 변형하려는 연구가 진행 중이다. 그에 따라 조만간 생체 분자에 직접 작용하여 병을 진단하고 치료할 수 있는 길이 열릴 전망이다. 현재 개발 중에 있는 나노 의학 도구들로는 생물 표적을 찾아내기 위해 자발적으로 돌아다니는 치료 물질, 근육 따위가 손상된 곳을 스스로 찾아가서 치료하는 인공 조직, 자기력이나 빛으로 이상이 일어난 곳을 밝혀 주는 센서 등이 있다.

한편, 나노 기술은 인류가 처해 있는 환경 관련 문제를 해결하고 지속 가능한 발전을 이루는 데 기여하고 있다. 인간과 환경에 해로운 유독 물질 또는 초고온(초고압)이나 초저온(초저압)을 쓰지 않고 생물체 본래의 화학적 상태를 그대로 활용할 수 있는 방법, 공해를 전혀 유발하지 않을 뿐만 아니라 일정한 목적을 달성한 후에는 자연 상태에서 저절로 분해되어 사라지거나 재활용할 수 있는 물질로 바뀌게 하는 방법, 온실 효과˚를 불러일으키는 이산화탄소만을 따로 분리해 내는 방법 등을 개발하는 데 나노 기술이 널리 쓰이고 있는 것이다. 또한 수많은 기계 장치들이 극도로 작은 크기인 나노 구조로 바뀌면 에

● ● ●

생체 분자 생물체의 몸 안에서 합성되는 분자.

너지 효율성이 높아질 뿐만 아니라 풍력, 조력, 태양열, 지열 등과 같은 재생 가능 에너지*를 더 효과적으로 이용하는 것도 가능할 것이다.

몇몇 사람들은 차후에 위에서 언급한 여러 부문이 **복잡성 과** **학***과 결합하여 엄청난 시너지 효과를 낼 것으로 예상하고 있다. 그렇게 되면, 세포나 뇌에서 자연적으로 일어나는 것과 같이, 잘 제어된 나노 물체를 하나만이라도 일단 만들어 놓으면 그것은 창발성을 띠면서 점점 더 복잡한 시스템으로 발전해 갈 수도 있을 것이다.

● ● ● ●

온실 효과 대기 중의 수증기, 이산화탄소, 오존 따위가 지표에서 우주 공간으로 향하는 적외선 복사를 대부분 흡수하여 지표의 온도를 비교적 높게 유지하는 작용. 빛은 받아들이고 열은 내보내지 않는 온실과 같은 작용을 한다는 데서 유래한 말이다. 이에 대해 자세히 알고 싶은 사람은 이 시리즈에 속한 『기후가 미친 걸까?』를 참조하라.

재생 가능 에너지 풍력, 조력, 태양열, 지열 등 자연 상태에서 존재하는 에너지로 고갈되지 않고 다시 이용할 수 있는 에너지. 이에 대하여 자세히 알고 싶은 사람은 이 시리즈에 속한 『재생 에너지란 무엇인가?』를 참조하라.

복잡성 과학 자연, 사회, 경제 등과 같이 수많은 개체들로 이루어진 복잡한 조직에서는 그 조직을 이루고 있는 개체들의 행위가 합쳐지면서 전혀 예측할 수 없는 새로운 결과를 빚어낸다. 이처럼 복잡계에서는 부분에서 찾아볼 수 없는 속성이 전체에서 나타나는데, 이를 창발 현상이라고 한다. 간단히 말해 복잡성 과학은 이러한 창발 현상을 연구하는 학문을 말한다.

레이 커즈와일*은 『영혼 기계의 시대』에서, 한스 모라벡*은 『로봇』에서, 에릭 드렉슬러*는 『나노 테크노피아』에서 각각 미래에 나노 기술이 야기할 이러한 발전을 이야기하고 있다. 그들은 물질을 분자 수준에서 다루게 되면 인간의 두뇌보다 더 성능이 좋을 뿐만 아니라 '의식도 지닌' 시스템을 만들 수 있을 것이라고 상상한다. 이 시스템은 신체와 기계 사이의 상호 작용을 통해 인간이 본래 타고난 생체 시스템의 결함을 수정하며, 더 나아가 그 생체 시스템의 성능을 개선하기 위해 신체와 기계 사이의 장벽을 무너뜨린다. 그 새로운 존재들이 살아가는

● ● ●

레이 커즈와일(Ray Kurzweil, 1948~) 미국의 컴퓨터 과학자. 빌 게이츠의 평에 따르면, 인공 지능의 미래를 가장 잘 예측한 인물이다. 1990년 『인공 지능의 가속적 발전과 인류의 미래』라는 책으로 미국 출판 협회에서 주는 '최고 과학 도서상'을 받았다. 1994년에는 카네기메론 대학에서 주는 디킨슨 상을 받았다. 그 밖의 저서로는 『영혼 기계의 시대』, 『특이한 것이 가까이에 와 있다』 등이 있다.
한스 모라벡(Hans Moravec, 1948~) 오스트리아 출신의 로봇 과학자로 현재 미국 카네기메론 대학 교수이다. 『마음의 아이들』과 『로봇』에서 2050년 이후 지구의 주인이 인류에서 로봇으로 바뀐다는 대담한 논리를 전개했다.
에릭 드렉슬러(Eric Drexler, 1955~) '나노 기술'이란 용어를 만들어 낸 장본인. 1981년에 《미국 국립 과학원 회보》에 최초로 분자 나노 기술에 관련된 학술 논문을 발표했다. 1991년 MIT에서 분자 나노 기술로 박사 학위를 받았고, 캘리포니아 주 팔로알토에 있는 미래 연구소 소장을 맡고 있다.

사회는 물질을 원하는 방식대로 조작하고, 원자 하나하나를 모아서 새로운 물체를 만들 수 있는 사회이다. 물론 이런 진술들은 과학적인 탐구를 근거로 하고 있지만 아직까지는 공상 과학의 세계로 남아 있다.

이렇듯 최근에 들어서 나노 과학의 눈부신 미래가 어느 정도 윤곽선을 드러내고 있다. 그러나 동시에 바로 그 놀라운 발전 가능성 때문에 나노 기술은 무시무시한 위협으로 바뀌어 인류를 기다리고 있을지도 모른다. 나노 과학에 대하여 전혀 아는 바가 없는 일반 대중들은 물론이고, 심지어 몇몇 나노 기술의 창시자들마저도 나노 과학이 야기할 수도 있는 온갖 위협에 공포심을 드러내고 있다.

그중 한 사람이 바로 선 마이크로시스템스 사의 공동 창립자인 빌 조이*이다. 그는 나노 과학의 위험성에 대하여 아무도 관심을 기울이지 않을 때 그것을 경고하고 나섰다. 2000년에 빌 조이는 「왜 미래는 우리를 필요로 하지 않는가?」라는 제목

● ● ●

빌 조이(Bill Joy, 1954~) 컴퓨터 과학 기술자. 미국의 대표적인 컴퓨터 기업 중 하나인 '선 마이크로시스템스 사'의 공동 창립자이다. 2002년에는 미국 '정보 기술에 관한 대통령 자문 위원회'의 공동 의장으로 임명되었다. 그는 21세기 기술인 나노기술의 무제한적 개발의 위험성을 경고한 바 있다.

으로 나노 과학이 인공 지능이나 인성에 영향을 미쳐 인류의 미래를 위협할 가능성에 대한 긴 모놀로그를 발표했다. 이 글은 당시 잔잔하던 호수에 제법 큰 반향을 불러일으켰다. 어떻게 보면 마법사의 수련생에 해당하는 그가 왜 트로이의 멸망을 예언하는 카산드라 역할을 자처하고 나선 것일까?

기술 철학자인 장 피에르 뒤퓌°는 모든 것이 복잡성으로 수렴되는 현상 때문에 인류의 세계관, 특히 생물관에 커다란 변화가 생겼다고 주장한다. 뒤피에 따르면, 인간은 모든 과정을 분자 수준에서 이해하고 그 작동 알고리즘을 밝혀내려 함으로써 지금까지 오직 자연만이 할 줄 아는 것을 모방하려고 한다. 여기에는 과학적 연구 방법의 변화도 뒤따르고 있다. 이제는 어떤 대상을 관찰하기에 앞서 먼저 그것을 만들어야만 한다. 그런데 이러한 경험주의적 방법은 도중에 전혀 예기치 못한 현

● ● ●

장피에르 뒤피(Jean-Pierre Dupuy, 1941~) 프랑스의 철학자. 현재 프랑스 에콜 폴리테크니크에서 사회 철학 및 정치 철학을 가르치고 있다. 『마음의 기계화』에서 인지 과학 및 인공 지능의 기원을 추적하여 그 근원에 위너가 주장한 사이버네틱스가 있음을 밝혀냈으며, 또 사이버네틱스가 어떻게 카오스 이론, 복잡성 이론 등에 영향을 미쳤는가를 보여 주었다. 그 밖의 저서로는 『자기 기만과 합리성의 패러독스』 등이 있다.

상이 나타날 수 있기 때문에 각별한 주의가 필요하다. 사실 복잡계에서는 언제나 여러 구성 요소들이 뒤섞이면서 예상 못했던 새로운 질서가 나타나게 마련이다.

지금까지 짤막하게 살펴본 이런저런 우려 때문에 나노 과학과 나노 기술은 실제로 존재하기도 전부터 논쟁의 대상이 되었다. 그러나 나노 과학이 공포의 대상이 된 가장 큰 원인은 근대를 지탱해 왔던 여러 개념들, 즉 진보, 발전, 과학, 기술 등이 점차 일반 대중들에게 그 가치를 의심받고 있기 때문일 것이다. 게다가 이러한 두려움은 한 번 세상 밖으로 나오면 아무리 설득하더라도 결코 불식되지 않는 특성이 있다. 어쨌든 이미 사람들 마음속에 자리 잡은 돌이킬 수 없는 재난과 가까운 미래에 약속된 기술적 발전 사이에서 우리는 다음과 같은 질문을 던지지 않을 수 없다.

나노 과학은 인류에게 어떤 축복을 가져다줄까? 나노 과학은 정말로 위험한 것일까? 그렇다면 그 위험은 도대체 무엇일까? 혹시 그것을 막을 수는 없을까?

나노 과학은 아주 다양하고 풍부한 과학 기술적 성과가 예상되는 분야이다. 그만큼 사람들이 나노 과학을 둘러싼 논쟁에서 취하는 입장도 다양하다. 이 책은 나노 과학이 야기할 온갖 문제들에 대하여 한번쯤 생각해 보고 싶어 하는 사람들(이런 사람들이 점점 더 많아지고 있다.)이 그에 대해 올바른 판단을 내릴 수 있도록 나노 과학과 관련된 논란의 구성 요소들을 명확히 밝혀 주려고 한다. 자, 이제 함께 그 길을 따라가 보자.

2

나노 기술은 **어떻게** **문제**가 되었을까?

나노 기술, 끔찍한 재앙의 시작인가?

에릭 드렉슬러는 『창조의 엔진』(1986)에서 물질을 분자 수준에서 조작할 수 있는 나노 기계인 **어셈블러**에 대해 길게 서술하고 있다. 이 책에서 그는 스스로를 복제할 수 있는 기계를 상상함으로써 사람들을 놀라게 했다. 이것은 이 기계가 생명체를 모방할 줄 안다는 것을 뜻한다. 드렉슬러의 시나리오에 따르면, 인간의 통제를 거부하고 자율적으로 움직이는 나노 기계들이 떼를 지어 몰려다니면서 인간을 공격하고, 자기 증식을 위해 지구 위의 모든 것을 먹어 치워 회색 점액질˚로 만들어 버린다. '회색 점액질'이라는 말은 나노 기술과 관련된 인류의 공포를 가장 고도로 상징화한 말이라고 할 수 있다.

2003년에 들어서자 오랫동안 전문가들 사이에서만 이루어지던 나노 기술 관련 논쟁에 점점 더 많은 사람들이 참여하기 시작했다. 이즈음부터 자주 대중 매체를 오르내렸던 나노 기술 관련 기사나 광고가 제시하는 지나칠 정도로 유토피아적인 미래가 오히려 수많은 사람들에게 의혹을 불러일으킨 것이다. 특히, 다음 세 가지 사건은 대중들 사이에서 나노 과학에 대한 격렬한 논쟁을 일으키는 본격적인 계기가 되었다.

첫째, 2002년 미국에서 출판되고 이어 전 세계에 번역된 마이클 크라이튼®의 소설 『먹이』가 있다. 이 소설에 등장하는 회사는 떼를 지어 날아다니면서 가상 카메라 기능을 하는 나노 로봇을 발명한다. 이 로봇들은 박테리아와 나노 기계를 합성하여 만든 시스템을 통해 제작된다. 그러나 이 로봇들은 (자연에 반한?) 생명체와 기술의 결합이 얼마나 심각한 결과를 낳을 수 있는지를 잘 보여 준다. 얼마 시간이 지나지 않아 로봇 제작자

● ● ●

회색 점액질 자기 복제를 할 수 있는 나노 로봇은 인간의 통제를 벗어나 꽃가루처럼 바람을 타고 멋대로 돌아다닌다. 그러면서 주위에 있는 것들을 모조리 먹어치워 지구 생태계를 불과 며칠 만에 회색 먼지로 만들어 버린다. 회색 점액질이란 바로 이 회색 먼지의 다른 이름이다.

마이클 크라이튼(Michael Crichton, 1942~) 의사 출신의 미국 베스트셀러 소설가이자 시나리오 작가. 대표작으로 『스피어』, 『쥐라기 공원』, 『잃어버린 세계』 등이 있다.

나노 기술이 끔찍한 재앙을 불러올지도 모른다는 우려가 높아지고 있다.

들은 이 로봇들에 대한 통제력을 잃어버리고, 오히려 그들의 먹이가 되어 공격당하니까 말이다. 이 책은 전 세계에서 엄청난 성공을 거두었다. 그리고 아마 작가가 전적으로 의도한 바는 아니었겠지만, 나노 기술이 야기할 수 있는 극도의 불안감을 묘사할 때 쓰이게 된다.

둘째, 2003년 1월 캐나다의 비정부 단체 ETC 그룹*은 나노 기술의 이름을 '원자 기술'이라고 바꾸고 나서 나노 기술의 위험성을 경계하는 강력한 성명서를 발표했다. ETC 그룹은 「거대한 몰락」이라는 보고서에서 나노 기술로 제작된 제품들이 환경과 생명에 미치는 영향부터 먼저 충분히 밝혀야 한다고 주장했다. 그렇지 않을 경우, 나노 제품의 사용을 미루어야 한다는 것이다.

이 보고서에는 오늘날 전 세계에서 시도되고 있는 나노 기술과 생물체의 결합 과정을 통해 어렴풋이 밝혀진 사실들이 폭

● ● ●

ETC 그룹 침식, 기술, 집중에 관한 행동 그룹(Action Group on Erosion, Technology and Concentration)의 약칭. 1977년 11월 캐나다에서 설립된 국제 농촌 개발 협회(RAFI)의 후신이다. RAFI 시절에는 주로 종자와 관련된 지적 재산권의 독점을 방지하는 활동을 했으나 ETC 그룹으로 개명하면서 생명 공학과 관련된 문제를 중심 활동 과제로 삼고 있다. 생물 다양성 보존과 과학 기술에 의한 생태계의 교란을 방지하기 위해 애쓰고 있다.

로되어 있다. 가령, 나노 물질(이에 대해서는 나중에 더 자세히 알아보도록 하자.) 제조 기술의 단계별 발전상과 그에 연관된 위험성을 나열한 것이다. ETC 그룹은 나노 기술로 생산된 나노 입자들이 음식물을 포함한 모든 곳에 침투할 수 있고, 생체 내에 축적되면 독성 효과를 띨 수 있다고 주장한다. 게다가 나노 기술이 장기적으로는 회색 점액질과 같은 '자연에 반하는' 미지의 물질을 만들어 낼 수도 있다는 경고도 잊지 않고 있다.

셋째, 전 세계 언론에 막대한 영향력을 가진 영국의 찰스 황태자가 나노 기술에 관한 우려를 표명했다. 2003년 4월 찰스는 한 기고문을 통하여 '회색 점액질'을 거론하면서 나노 기술이 '환경과 사회에 끼칠 수 있는 막대한 위험성'에 대한 자문을 과학자들에게 요구했다. 찰스 황태자의 개입은 정치권뿐만 아니라 과학계에서도 뜨거운 반향을 일으켰다.

영국 정부는 왕립 학회와 왕립 기술 아카데미에게 나노 기술의 발전 가능성, 잠재적 위험성 등을 조사해 달라고 요청했다. 조사 결과는 2004년 7월에 「나노 과학과 나노 기술: 기회와 불확실성」이라는 보고서로 발표되었다. 이후 전 세계 언론에서 꼬리를 물며 나노 과학과 관련된 문제를 여론화하기 시작했다.

2004년에는 나노 기술과 관련된 문제들을 파악하기 위한 수

많은 시도가 이루어졌다. 유럽에서만 해도 중요한 종합 보고서가 세 편이나 발표되었다.

첫째, 2004년 3월에 나노 기술의 위험성 목록을 작성하기 위해 브뤼셀에서 워크숍이 열렸는데, 유럽 평의회 산하 소비자 보건 총국이 이 워크숍에서 토론된 내용을 종합한 보고서를 발표했다.

둘째, 2004년 6월에 유럽 나노 포럼 네트워크가 「나노 기술의 혜택, 위험, 사회·윤리적 양상」이라는 보고서를 발표했다.

셋째, 유럽 평의회 연구 총국이 감독하는 여러 전문가 그룹이 작성한 「컨버징 기술˚이 유럽 사회의 미래에 끼치는 영향」은 사회 과학적 시각에서 나노 문제에 접근하고 있다.

● ● ●

컨버징 기술 복잡한 요소들을 하나로 모아 통합하는 기술을 말한다. 미래에는 디지털 기능, 나노 기능, 유전 공학 기능 등을 한데 모은 컨버징 기술이 일상화할 것으로 예상하고 있다.

3

나노 과학,
무엇이 문제인가?

왜 나노 '과학'에서 출발해야 할까?

지금까지 나노 과학에 대한 논란이 발생한 과정을 간략하게 살펴보았다. 이제 이런 대중적인 논란에서 벗어나 과학의 관점에서 나노 과학을 살펴보자. 이를 통하여 우리는 나노 기술과 관련된 각종 의혹들과 그것이 빚어내는 공포의 정체를 더 잘 이해하게 될 것이며, 더 나아가서 그 의혹에 대한 적절한 답을 찾을 수도 있을 것이다.

회색 점액질은 과학적으로 나타날 수 있을까?

회색 점액질이 지구 생태계를 파괴하는 『먹이』와 같은 이야기가 가능하려면 먼저 분자 수준에서 물질을 조작할 수 있는 나노 기계가 있어야 한다. 이는 우리가 어떤 정해진 특성들을 얻기 위해 인공적으로 나노 구조를 가진 제품을 만들 수 있는 능력을 갖추어야 한다는 뜻이다.

그런데 단 몇 그램의 물질만 만들려고 해도 나노 구조의 기계들이 엄청나게 많이 필요하다. 실제로 자연계에 존재하는 단 몇 그램의 물질만 해도 수십조 개의 분자들이 쌓여서 이루어져 있다! 그만한 숫자의 기계들을 일일이 만드는 것은 거의 불가능하므로 회색 점액질이란 하나의 환상에 지나지 않는다고 할 수 있다.

드렉슬러는 이런 주장에 대하여 다음과 같이 반박한다. 그는 수십조 개의 나노 기계들을 손쉽게 제조할 수 있는 기술로 **기하급수적 제조**˚가 있다고 말한다. 기하급수적 제조란 나노 기계들이 스스로를 복제할 수 있도록 만드는 것을 뜻한다. 이

● ● ●

기하급수적 제조 원자나 분자를 조립하여 나노미터 크기로 기본 구성 물질을 만든 뒤 벽돌을 쌓듯 새로운 구조물을 만들어 가는 것을 뜻한다. 드렉슬러는 이 경우에 제조 원가가 먼지 가격 정도에 지나지 않으므로 금세 원하는 물질이 주변에 넘쳐 날 것이라고 예상했다. 이 나노 물질이 생체 분자와 같은 복제 능력까지 갖춘다면 그 수가 기하급수적으로 늘어나리라는 것은 불을 보듯 뻔하다고 말했다.

기술이 일단 현실화하면 최초의 나노 기계들은 복제에 필요한 적절한 자원이 계속해서 존재하는 한 인간의 도움이 없이도 시간이 지남에 따라 기하급수적으로 늘어날 것이다.

《사이언티픽 아메리칸》 2001년 9월호에 발표한 「나노 기계의 과거와 미래」라는 논문에서 미국의 화학자 조지 화이트사이즈●는 이렇게 말했다. "몇몇 생체 시스템들은 나노 분자 기계처럼 작동한다!" 실제로 세포 내부의 다양한 소기관●들은 새로운 세포를 만드는 일, 세포에 에너지를 공급하는 일, 세포에 반드시 필요한 요소들을 합성하는 일, 세포를 고치는 일 등을 할 때 분자 수준에서 작업을 한다. 화이트사이즈는 이러한 사실로부터 어떤 생체 물질이 전혀 제약을 받지 않는 상태에서 자율적으로 발달한다면 회색 점액질과 같은 시나리오가 생물학적으로 가능하다고 유추했다. 다만, 차이가 있다면 이 경우

● ● ●

조지 화이트사이즈(Georges Whitesides, 1939~) 미국의 화학자. 현재 하버드 대학교 화학과 교수로 재직하고 있다. 생화학에서 나노 과학까지, 경제 발전 모델에서 생명의 기원 연구에 이르기까지 과학 전반에 걸쳐 다양한 업적을 쌓았다.
세포 소기관 미토콘드리아나 엽록체 등과 같이 세포 내에서 특정한 기능을 하는 기관. 이에 대해서 자세히 알고 싶은 사람은 이 시리즈에 속한 『생명의 기원은 무엇인가?』를 참조하라.

에는 생명체를 모두 파괴하는 회색 점액질이 아니라 오히려 생명체를 만들어 내는 '녹색 점액질'이 생겨나는 것이다.

재미있는 점은 이러한 녹색 점액질이 이미 지구상에 나타난 적이 있다는 것이다. 원시 지구는 대기 중에 산소가 전혀 없는 광물의 세계였다. 그런데 생명이 창조되면서 환경이 근본적으로 바뀌어 토양, 대기, 기후가 모두 변했다. 생체 물질은 지형을 완전히 바꿔 놓았으며, 토양을 형성하는 바위들의 변화 과정에도 폭넓게 간섭했다. 이렇게 해서 형성된 토양 위에서 비로소 식물이 자랄 수 있었다. 한편, 식물 속의 생체 물질은 산소를 생산하여 대기의 화학 구성을 바꾸었으며, 그로써 인간과 같은 생물 종이 발달하기에 적절하게 만들었다. 즉 '녹색 점액질' 시나리오는 다행히도 우리에게 호의적이었던 것이다.

인간은 일찍부터 경험으로 얻은 생물에 대한 지식을 삶의 양식으로 삼아 왔음을 알아야 한다. 인간은 생명체를 재료로 삼아 양털, 면, 비단, 가죽, 종이, 음식 등을 만들었으며, 생명체를 발효에 이용하여 알코올, 치즈, 요구르트를 만들기도 했다. 생명 공학의 시대란 그 뒤를 이은 것뿐이다. 1970년대부터 인간은 유전자에, 즉 분자 수준에 개입하여 새로운 생물체를 생산하기 시작했다. 유전자 변형 생물체를 이용하여 인슐린*과 같은 분자들을 생산함으로써 인류는 동물에서 추출한 것보다 더 안전하면서도 더 저렴한 약품들을 얻을 수 있게 된 것이다. 자기 복제 과정이란, 이미 자연에 존재하는 것이므로 인간에게 유용한 자연 성분은 모두 기하급수적 제조 과정에서 나온 것이라고 할 수 있는 것이다.

그렇다면 나노 기술이 회색 점액질을 만들어 내는 것은 피할 수 없다는 말인가.

다시 드렉슬러 이야기로 돌아가 보자. 드렉슬러는 생명체에 기하급수적 제조의 가능성이 있다 할지라도 거기에는 일정한 한계가 있다고 생각했다. 즉, 자연의 진화 과정은 생명체가 완전히 '다른' 시스템을 만드는 것을 허락하지 않는다는 것이다. 예를 들면, 말은 아무리 진화를 거듭해도 결코 지프차로 변하지 않는다.

그렇다면 생명체가 아니라 그와 비슷한 다른 물질은 어떨까?

드렉슬러는 생명체와 전혀 다른 화학 구조를 가진 물질이라

● ● ● ●

인슐린 몸 안의 혈당량을 조절하는 기능을 하는 호르몬 단백질. 이 단백질의 복제 과정과 기능에 대해 자세히 알고 싶은 사람은 이 시리즈에 속한 『복제는 정말로 비윤리적인가?』와 『인간은 호르몬의 노예인가?』를 참조하라.

면 단백질*이 포함되지 않은 생명 기계와 같이 '완전히 다른 시스템으로 변하는 일'이 가능할지도 모른다고 했다. 따라서 그가 스스로를 복제할 수 있는 나노 로봇을 상상하는 것은 지극히 자연스러운 일이다.

드렉슬러의 구상에 대한 여론의 반응은 각양각색이다. 어떤 사람들은 드렉슬러의 상상을 공상 과학으로 여긴다. 하지만 어떤 사람들은 결국에는 "그것이 가능할 것이고, 다만 그 시점이 언제인지를 아는 것이 문제"라는 입장을 취하고 있다.

드렉슬러를 비판하는 사람들 중에는 1996년에 노벨 화학상을 받은 리처드 스몰리*도 있다. 그는 드렉슬러의 상상이 너무 '기계론적'이며 '화학적'으로 문제가 있다고 강조했다.

스몰리에 따르면, 원자들 사이에서 화학 반응이 성공적으로 일어나려면 원자들이 특정한 형태로 배열되어야 한다. 그런데

●●●

단백질 아미노산의 펩티드 결합을 통해 생성된 고분자 화합물로 모든 생명체에 필수적인 성분이다. 하지만 단백질은 고온에서 쉽게 파괴되는 성질을 띠는 등 제한된 온도 내에서만 작용을 한다. 드렉슬러는 여기서 나노 생명체는 단백질의 한계를 뛰어넘어 고온이나 고압과 같은 조건에서 스스로를 복제하여 다른 물질로 바뀔 수 있는 가능성이 있음을 시사하고 있다.

리처드 스몰리(Richard Smalley, 1943~2005) 미국의 화학자이자 물리학자. 탄소의 동소체인 풀러렌을 발견하여 노벨 화학상을 받았다.

나노미터 수준에서는 모든 물질이 서로를 끌어당겨 합쳐지려는 성질이 있으므로 화학적으로 아주 불안정한 상태에 놓인다. 이렇게 계속해서 움직이는 물질들을 특정한 형태로 배열하여 원하는 화학 반응을 일으키는 것은 거의 불가능하다.

스몰리와 의견을 같이하는 다른 과학자들은 물질을 분자 수준에서 조작하려면 원자들 사이에 존재하는 모든 물리적, 화학적 연결 고리를 깨야 한다는 사실을 강조한다. 그런데 핵융합의 경우에서 보듯이, 이런 연결 고리를 자르고 다시 물질을 만들려면 상상을 초월할 만큼 엄청난 에너지가 필요하다. 따라서 이 모든 사실을 고려해 볼 때 나노 로봇이 '무수히 늘어나' 집단을 만드는 것은 전혀 현실성이 없는 것이다!

그러나 생물체 자체가 이미 스몰리의 이러한 주장을 무색하게 만들면서 스스로를 복제할 줄 안다. 게다가 생물체는 무엇보다 인류에게 나노 크기의 '부품들'을 제공한다. 이미 생물체에서 채취한 분자 또는 인공적으로 만들어 낸 합성 분자를 조립하여 나노미터 크기의 장치를 만드는 것은 가능하다. 물론 현재까지 그 수준이 아주 초기 단계에 머물러 있을 뿐이다. 2000년 미국 코넬 대학의 카를로 몬테마그노* 교수팀은 어디에서나 쉽게 구할 수 있는 아데노신삼인산(ATP)*이라는 효소*를 사용하는 지름 100나노미터 미만의 '나노 모터'를 제작하는 데 성공한 바 있다.

나노 모터가 가능하다면 그리 멀지 않아 분자 수준에서 작동하는 나노 기계도 만들 수 있을 것이라고 쉽게 상상할 수 있다. 그러나 현재 인류의 과학 수준은 아직 회색 점액질이라는 시나리오와는 상당히 동떨어져 있다. 이 시나리오에는 자기 복제가 가능한 기계들이 등장한다. 그것은 나노 모터 같은 '단순한' 기계와는 비교할 수 없을 정도로 높은 수준의 기술을 요구한다. 현재 인류의 수준으로는 결코 그러한 기계를 만들 수 없다. 인간의 능력이 거기까지 미치려면 넘어야 할 벽이 아직 너무도 많다.

자연은 긴 진화 과정을 겪고 나서야 비로소 자손을 퍼뜨려 번식하는 존재들을 만드는 데 성공했다. 생물이 살아 움직이는

● ● ●

카를로 몬테마그노(Carlo Montemagno) 2001년에 머리카락 1000분의 1 크기의 의료용 초미니 헬기를 개발했다. 이 헬기는 치료 약물을 운반하고 세균과 전쟁을 벌일 수도 있다.

아데노신삼인산(ATP) 생물체가 호흡을 통해 몸 속의 유기물을 분해하여 에너지를 저장해 놓는 곳이다. ATP는 인산기 3개가 붙어서 이루어진다. ATP에서 인산기 하나가 떨어져 나가면서 생물체가 필요로 하는 에너지가 발생한다.

효소 생물의 세포 안에서 합성되어 거의 모든 생체 화학 반응의 촉매 구실을 하는 고분자 화합물.

것은 지금까지 인간이 만든 어떤 기계도 결코 흉내 낼 수 없을 정도로 복잡한 과정을 보여 준다. 어찌 보면 기나긴 시간과 엄청나게 복잡한 시스템이 얽혀 이루어진 비밀의 세계가 인류 앞을 가로막고 있는 것이다. 지금 인류는 기계의 작동 원리를 잘 알고, 그것을 이용하여 수많은 기계들을 만들어 내지만 아직 자기 복제가 가능한 로봇을 만드는 비밀만큼은 풀지 못하고 있다. 회색 점액질이 가능하려면 아마도 이 비밀부터 풀려야 할지도 모른다.

회색 점액질에 관한 논쟁이 불붙기 시작하자 온갖 언론들이 달려들어 거기에 기름을 부었다. 언론의 상업적 부추김 속에 나노 기술의 장밋빛 미래와 비극적 종말에 대한 예측이 격돌하면서 그 반향은 날로 커져 갔다. 그러자 영국의 찰스 황태자는 2004년 7월 11월자 《인디펜던트》 일요판에서 이에 대해 유감을 표하면서 자신은 회색 점액질을 언급한 적이 결코 없으며, 언젠가 나노 로봇이 지구를 먹어 치우리라 생각한 적도 없었다고 발표했다.

나노 로봇이 생물체와 결합하면 어떻게 될까?

회색 점액질 소동과 같은 파국적 시나리오가 불가능하다고 해서 문제가 모두 사라진 것은 아니다. 나노 기술의 발전에 따라 조만간 새로운 문제들이 나타날 수 있다.

첫째, 고도의 기술이 적용된 로봇을 동물과 결합(고등 동물과 단순한 로봇의 결합도 해당된다!)함으로써 궁극적으로 생물의 '기계화' 또는 기계의 '생물화'(어떻게 보면 분자 생물학에서는 이미 생물의 몇몇 기능이 단순 화학 과정에 지나지 않음을 밝혀냄으로써 그 가능성을 개척하고 있다.)로 이어질 생물과 기계의 컨버징(conversing) 문제가 조만간 떠오를 것이다.

얼마나 지나야 인류가 세포의 구성 요소들을 가지고 박테리아 같은 살아 있는 세포를 만들게 될지 현재로서는 알 수 없다. 또 어떻게 해야 그런 세포를 만들 수 있는지는 더더욱 모른다. 잘 알고 있겠지만, 세포의 구성 요소들이 스스로 결합하여 생명을 만들어 내지는 않는다. 이는 이미 19세기 말에 미생물학의 창시자인 파스퇴르*가 **자연 발생설** 지지자들과 불꽃 튀는 논쟁을 벌이며 주장했던 것이다.

파스퇴르는 생물은 생물로부터만 생겨날 수 있다고 보았다. 그러나 파스퇴르의 적수이자 자연 발생설의 주창자인 푸세*는 무기물에서도 생명이 탄생할 수도 있다고 보았다. 현재까지는 일반적으로 파스퇴르의 주장이 옳았던 것으로 알려져 있다. 하지만 드렉슬러 같은 나노 과학의 주창자들은 무생물을 이용해서도 생물(또는 그와 유사한 구조)을 '제작'할 수 있음을 보여 주려 한다. 하지만 그런 일이 이루어지려면 아직도 멀었다!

물론 2002년에 미국의 한 연구팀은 인공적으로 소아마비 바이러스를 만들어 내는 데 성공했다. 생명 창조에 한 걸음 성큼 다가선 것이다. 비록 무생물에 가까운 단순한 합성물이지만, 그것만 해도 엄청난 성과라고 하지 않을 수 없다.

한편, 이보다 훨씬 더 야망에 찬 프로젝트들도 현재 추진 중

● ● ●

파스퇴르(Louis Pasteur, 1822~1895) 프랑스의 화학자이자 세균학자. 누엣병의 원인이 되는 박테리아를 분리하는 데 성공했고, '세균 병인설'을 증명하여 탄지병 백신을 만들었다.

펠릭스 푸셰(Felix Pouchet, 1800~1872) 프랑스의 박물학자로 "유기물, 물, 불, 공기, 온도가 갖추어지면 생명은 자연적으로 발생한다."라고 주장했다. 프랑스 왕립 아카데미에서 젊은 과학자인 파스퇴르와 자연 발생설을 두고 논쟁을 벌인 것으로 유명하다.

생명의 기원 파스퇴르와 푸셰의 논쟁을 비롯한 생명의 기원에 대하여 더 알고 싶은 독자는 이 시리즈의 『생명의 기원은 무엇인가?』를 참고하라.

소아마비 바이러스 합성 2002년 미국 뉴욕 주립대 연구팀이 실험실 내에서 소아마비를 일으키는 폴리오바이러스를 합성하는 데 성공한 것을 말한다. '생명체'를 인공적으로 합성한 첫 번째 사례로 평가된다.

이다. 그중 하나는 '유전자의 왕' 이라 불리는 크레이그 벤터[*]가 소장으로 있는 생물 대체 에너지 연구소(IBEA)의 프로젝트이다. 이 프로젝트에서 벤터는 **인공 바이오매스**[*](에너지 원료로 사용하기 위하여 인위적으로 만든 생체 물질.)로부터 재생 에너지를 대량 생산 할 수 있는 새로운 유기체를 만들어 내는 것을 목표로 하고 있다. 현재 이 프로젝트는 미국 정부로부터 엄청난 지원금을 받고 있다. 이 연구가 결실을 맺는다면 수십억 톤의 탄소를 분리해 내는 데 한 줌의 '인공' 유기체만 필요하게 될 것이다. 그야말로 어마어마한 에너지원이 되는 것이다.

둘째, 드렉슬러가 상상한 나노 기계보다는 성능이 떨어지지만, 나노미터 수준에서 다양한 임무를 수행할 수 있는 나노 로봇이 조만간 생산될 것이다. 이미 많은 사람들이 공해 문제를 해결하거나 병을 치료하는 등 여러 분야에서 나노 로봇이 활동

• • •

크레이그 벤터(Craig Venter, 1946~) 미국의 유전학자. 캘리포니아 출신으로 서핑 선수에서 과학도로 전향했다. 1998년 5월 유전 공학 회사인 셀레라 게노믹스 그룹을 설립하여 인간 유전체 지도를 밝혀냈다. 현재 셀레라 사를 떠나 생물 대체 에너지 연구소장으로 있다.
바이오매스 이에 대해서 자세히 알고 싶은 사람은 이 시리즈에 속한 『재생 에너지란 무엇인가?』를 참조하라.

할 것이라고 기대하고 있다. 스스로 복제할 만큼 발달한 나노 로봇이 아니더라도, 이것이 일단 대량 생산되면 유해성 여부에 대하여 새로 문제가 제기될 것이다.(물론 군사적 용도로 개발한 것은 아예 인간에 대한 유해성을 목표로 할 수도 있다.) 그런데 아직은 나노 로봇이 생산되지 않은 단계이다. 다만 앞으로 이 로봇들이 매우 다양한 형태로 나타나리라 예상할 뿐이다. 그러므로 현재 이 문제에 대하여 과학적인 차원에서 더 이상 언급하는 것은 무리이다.

나노 물질과 나노 입자, 그 자체가 문제일까?

나노 물질들이 상업적으로 널리 쓰이는 경우에 어떤 일이 벌어질 것인가도 문제가 된다. 나노 물질 상품들은 수명을 다한 후에는 '스스로 분해되어' **나노 입자**로 흩어져 흙이나 물 속에 쌓인다. 그런데 이렇게 쌓인 나노 입자들은 생태계를 교란하고 인간에게 해로운 영향을 미칠 수 있다. 또한 나노 입자들은 쉽게 파괴되지 않는 성질, 다른 물질과 쉽게 반응하는 성질, 인간이나 환경에 해로운 물질들을 쉽게 운반하거나 합성할 수 있는 능력, 다른 장소로 아주 쉽게 이동할 수 있는 성질 등을 가지고 있다. 나노 입자들의 이러한 특성은 나노 물질을 상업화하는 데 장점이면서 동시에 위험 요소로 부각되고 있다.

몇몇 물질은 나노미터 차원에서 분해되면 부피가 큰 상태일 때보다 독성이 더 커진다고 알려져 있다. 바로 이런 이유 때문에 몇몇 사람들은 유전자 변형 식품에 대해 무조건 반대한다. 그러나 동시에 나노 물질을 이용하여 현재까지의 그 어떤 소재보다 기능이 뛰어나고, 자원을 절약할 수 있으며, 환경을 보호할 수 있는 새로운 소재를 개발할 수도 있다. 실제로 세계 곳곳에서 이러한 소재를 개발하기 위해 노력 중이다.

따라서 나노 물질을 이용하려고 할 때에는 신중하게 여러 가지 요소를 고려해야 한다.

먼저, 나노 물질이나 나노 입자는 인류의 최신 발명품이 아니라 이런 이름으로 불리지만 않았을 뿐 아주 오래전부터 친숙한 것임을 알아야 한다. 인류는 예로부터 분자로 이루어진 식품을 먹어 왔으며, 나노미터 크기의 입자들로 이루어진 재료들을 사용해 왔다. 또 우리 주변에는 이리저리 떠돌아다니는 나노 입자들도 흔하다. 매년 자연은 수억 톤에 이르는 나노 입자들(물보라, 화산재, 사막 먼지 등)을 분출하고 있으며, 인간은 산업 활동을 통해 매년 수백만 톤에 이르는 나노 입자들(산화티탄의 경우, 매년 200만 톤 정도 배출된다.)과 수천만 톤에 이르는 온갖 연소물들(가령, 자동차 배기 가스, 굴뚝 연기 등)을 배출하고 있다. 그 결과 도시의 대기 중에는 크기가 100나노미터 이하인 분자들이 보통 대기 1리터에 대략 1000만~2000만 개 정도나 떠다닌다. 다시 말하면 1리터의 대기 중에는 10억~20억분의 1그램 정도 나노 물질들이 들어 있는 것이다.

하지만 그렇다고 해서 무작정 안심할 수만은 없다. 인류에게 이로운 여러 가지 물질들 중에는 석면 가루처럼 들이마시거나 몸속으로 들어가면 쌓여서 해로운 영향을 끼치는 것들도 수없이 많다. 가령, 살충제 분자인 DDT*가 대표적인 예이다. DDT와 마찬가지로 앞으로 만들 예정인 몇몇 나노 입자들은 그것들이 필요한 만큼이나 유해한 결과를 낳으리라 예상되고 있다.

나노 입자들이 대기 오염을 일으킬 가능성은 이미 수십 년

● ● ●

DDT 맛이나 냄새가 없는 흰색 가루로 된 살충제이다. 물에 씻겨 내려가지 않기 때문에 흙이나 거기서 자란 곡식 또는 과일에 축적된다. 그리고 이것을 먹은 조류나 어류의 몸에 농축되었다가 사람 몸속으로 들어온다. 사람 몸속에 들어온 DDT는 지방에 녹는 성질 때문에 세포 깊은 곳까지 스며들어 일정 분량 이상 쌓이면 병을 일으킨다. DDT를 처음 사용할 때에는 이러한 사실을 몰랐지만 나중에 알게 되어 전 세계적으로 사용이 금지되고 있다.

전부터 예견되었다. 공기 중에 떠도는 나노 입자들은 폐, 심장, 뇌로 들어가 인간의 몸에 심각한 영향을 끼칠 수 있다. 2003년 미국 로체스터 대학의 연구팀은 나노 입자가 호흡기를 통해 몸 속에 들어온 후 뇌로 침투할 수 있음을 밝혀냈다. 최근 캐나다의 한 연구 그룹은 생쥐 실험을 통해 도시의 대기 중에 떠다니는 나노 입자들이 유전자를 변형시킬 수 있으며, 그 결과 폐암을 유발할 수 있음을 증명했다. 그러나 여기서 강조하고 넘어가야 할 부분이 있다. 나노 입자와 나노 입자 표면에 '붙은' 유독성 분자 중 어느 것이 정말로 위험한 것이지가 아직 밝혀지지 않았다는 점이다.

한편, 2003년에는 **탄소 나노 튜브**[*]의 유해성 문제를 둘러싸고 서로 반대되는 의견을 표명한 논문들이 연속해서 발표되었다. 탄소 나노 튜브는 분자 전자 공학의 발전에 핵심적인 역할을 하는 소재이며, 지금도 전 세계에서는 이를 이용하는 수많은 연구가 이루어지고 있다.

● ● ●

탄소 나노 튜브 1991년 일본의 이지마 스미오가 발견한 육각형 모양의 탄소 구조물이다. 전기 전도성과 열전도율이 높은 데다 강도가 철강보다 100배나 커서 반도체, 배터리 등 수많은 분야에 응용되고 있다.

그런데 탄소 나노 튜브가 명백하게 쥐에 나쁜 영향을 끼친다는 사실을 증명하는 몇몇 실험 결과들이 발표되었다.[*] 반면다른 실험 결과는 탄소 나노 튜브의 유독성을 전혀 증명할 수없었다고 발표했다. 심지어 어떤 실험 결과는 탄소 나노 튜브가 오히려 이로운 영향을 끼친다고까지 말하고 있다! 이처럼탄소 나노 튜브의 유해성과 관련된 연구 결과는 하루가 다르게계속해서 바뀌고 있다. 따라서 탄소 나노 튜브가 진짜로 인간에게 유해한지 아닌지를 단정하는 것은 아직 이르다. 특히 탄소 나노 튜브가 얼마만큼 몸속에 축적되어야 위험한지를 규정하는 것은 무척이나 힘들다.

그러나 과학자들 대부분은 이미 다음 두 가지 점에서 의견이 일치하고 있다.

첫째, 나노 입자를 배출하는 제품들은 잠재적인 위험을 갖

● ● ●

탄소 나노 튜브의 유해성 연구 "미국 항공 우주국 존슨 우주 센터와 텍사스대 연구팀이 지난해 3월 0.1~0.5밀리그램의 탄소 나노 튜브를 용액 형태로 쥐의 폐조직에 주입한 뒤 90일 동안 관찰했는데 그 결과 강한 독성을 보였다. 나노 튜브가 시간이 지날수록 폐 속에서 서로 뭉쳐 조직을 손상시켰던 것이다. 미국의 화학회사 듀퐁의 실험에서도 나노 튜브를 쥐의 허파에 주입했을 때 쥐들의 숨관을 막아 실험 쥐의 15%가 곧바로 숨졌다." 김수병, 「나노에 혹이 달렸네」, 《한겨레 21》, 2004년 1월 15일.

고 있다. 이 제품들에서 나노 입자는 '그대로' 대기 중에 노출
되어 있거나 아주 쉽게 부서지는 재료에 달라붙어 있다. 특히,
어떤 물질이 불에 타면서 연기 등이 배출되는 경우와 같이 나
노 입자들이 그대로 대기 중에 방출되는 경우에는 특별한 주의
가 필요하다.

둘째, 앞에서 말한 ETC의 제안, 즉 '전 세계적'으로 나노
재료의 이용을 중단하자는 제안은 실현이 어렵다 못해 비현실
적이다. 게다가 이런 유예 조치가 어떻게 주로 앞으로 나올 제
품에만 적용되고, 이미 나노 구조를 갖고 있거나 나노 입자들
로 구성된 기존 제품에는 적용되지 않을 수 있는지 이해가 되
지 않는다. 따라서 이러한 비현실적 제안보다는 현행 법률의
범위 안에서 나노 입자들의 특성을 감안하여 단계적으로 나노
문제에 접근하는 신중함이 훨씬 더 필요하다. 나노 입자가 환
경과 유기체에 미치는 영향을 연구하는 경우에도 마찬가지이
다. 그래야 충분한 연구 자료를 근거로 하여 나노 입자의 노출
허용치를 알아낼 수 있으며, 앞으로 개발될 나노 제품들에 대
하여 허용 기준치를 설정할 수 있을 것이다.

나노 기술이 사생활을 위협하게 될까?

전자 공학, 컴퓨터 공학, 통신 기술 등은 1970년대부터 이전에는 상상할 수 없을 정도로 비약적인 발전을 거듭해 왔으며, 그 결과 관련 제품 가격이 현저히 낮아졌다. 현재 이 분야에서는 스마트 통신과 **유비쿼터스 컴퓨팅***이 이야기되고 있다. 이런 상황에서 나노 기술은 큰 역할을 해 왔으며 앞으로도 그럴 것이다. 그리고 그러한 기술의 발전은 누구나, 언제 어디서나 쉽게 정보에 접근할 수 있도록 만들었다.

이제 사람들은 이 새로운 기술이 앞으로 어떤 용도로 쓰일 것인가를 여러 가지 각도에서 물어보기 시작했다. 나노 기술이 정보 통신 기술과 통합되어 나타난 좋은 예가 무선 주파수 인증 시스템(RFID)*이다. RFID에는 송신기와 논리 회로가 내장

● ● ●

유비쿼터스 컴퓨팅 장소에 구애받지 않고 사용할 수 있는 정보 기술 장비 또는 그러한 환경.
무선 주파수 인증 시스템(RFID) 무선 주파수로 사물의 정체를 식별하는 시스템을 말한다. 각종 물품에 안테나 기능이 있는 소형 반도체칩을 부착하여 사물과 주변 환경의 정보를 무선 주파수로 전송할 수 있게 한 것이다. 필요한 환경만 갖추어지면, RFID를 이용해 직접 접촉하지 않고도 물품과 그 물품을 소유한 사람에 대한 정보를 파악할 수 있다.

되어 있다. 그 크기는 밀리미터 수준이거나 밀리미터보다 더 작을 수도 있다. 정보를 물으면 그에 적절한 응답을 하도록 설계되어 있는 이 장치가 작동하는 방식은 무엇일까? 여기저기에 흩어져 있는 물체의 위치와 상태를 하나하나 확인할 수 있도록 수많은 숫자들로 이루어져 있는 '전자 제품 코드'를 전파로 바꾸어 보내 주는 것이다.

RFID 장치는 배터리가 없어도 작동할 수 있다. 따라서 기계가 파손되지 않는 한 거의 영구적으로 사용될 수 있다. 전파의 송신 범위는 장치의 크기와 사용 주파수 대역에 따라 달라지는데, 현재 수준의 장비로는 수십 센티미터에서 이십여 미터까지 송신이 가능하다.

RFID는 아주 오래전에 구상되었는데(제2차 세계 대전 때 전투기의 위치 정보를 파악하기 위하여 처음으로 구상되었다.) 1970년대를 거치면서 점차 성능이 나아져 단거리 안에 있는 사람 또는 물체의 신원을 파악하거나 접근 허용 여부를 가리는 시스템에 사용되었다.

아마도 조만간 이 장치의 가격이 떨어져 보통 스티커의 가격과 비슷해질 것이다. 그렇게 되면 온갖 곳에서 이 장치를 이용할 수 있게 될 것이다. 가령, RFID를 인식할 수 있는 센서를 이용하면 RFID가 내장된 제품들이 공장에서 슈퍼마켓 계산대에 이르는 전 과정을 추적할 수 있다. 제품에 내장된 RFID에는 냉장 보관에서 시작하여 온갖 유통 과정을 거쳐 가는 작업이 순서대로 기록되어 있다. 기업의 재고 통제 시스템에 이보다 더 좋은 것이 있을까?

반대로 RFID는 그것이 내장된 물체들에게 주변 환경에 대한 정보를 알려 주는 역할도 할 수 있다. RFID 리더가 내장된 가전 제품은 환경에 스스로 적응할 수 있는 것이다. 예를 들어 세탁기에 RFID 리더가 내장되었다면, 그 세탁기는 RFID가 부착된 빨래에 대한 정보를 읽고 그에 대처할 수 있다. 휴대 전화에 RFID 리더를 장착하면, 휴대 전화는 주변 정보를 실시간으로 파악할 수 있다. 슈퍼마켓 진열대에 RFID가 부착되어 있으면 휴대 전화를 통하여 그곳에 놓인 제품들의 가격, 유통 기간, 특성 등을 읽을 수 있는 것이다. 또 우체통에 RFID가 부착되어 있으면, 우편물 수거 시간에 굳이 우체통을 열어 보지 않더라도 어떤 우편물이 들어 있는지를 알아낼 수 있다.

미래에 RFID가 이용될 가능성이 높은 분야는 다음과 같다.

첫째, RFID는 인증 시스템에 이용될 것이다. 예를 들면, 접근 허가 카드, 지불 수단, 도난 방지 장치, 상품 보증서, 위험물 표시 장치 등에 RFID가 들어갈 것이다. 아마 도난당한 지폐의 사용을 정지시키는 경우에도 RFID가 사용될 것이다.

둘째, RFID는 센서로 이용될 것이다. 특히 유선으로 연결하기 힘든 물체들에 부착될 센서는 주로 RFID가 이용될 가능성이 높다. 가령, 타이어 같은 데 장착된 RFID는 타이어의 공기압이나 온도 등의 상태를 쉽게 측정할 수 있게 해 주고 펑크 유무, 위험성 등을 파악하여 자동으로 교환 시기 등을 알려줄 것이다. RFID가 내장된 재료나 물체 등은 아마도 위험 상황이 닥치면 경보를 울리는 등 스스로를 감시할 수 있게 될 것이다.

셋째, 각종 기록에 RFID가 이용될 것이다. 가령, 병원에서 의료진은 환자복에 부착된 RFID를 통해 환자에 대한 의료 정보를 읽은 후 적절한 투약 시기와 양을 조절하는 등 좀 더 쉽게 치료를 할 수 있게 될 것이다.

RFID는 제1세대 스마트 통신 시스템으로 개발될 가능성이 아주 크다.* 1990년대 말에 이미 가능성이 예측된 **스마트 먼지**(smart dust)가 그 대표적인 예이다. 스마트 먼지에 탑재된 아주

● ● ●

한국의 RFID 우리나라에서는 곧 승용차 요일제 위반 차량을 식별하기 위하여 RFID가 가동될 예정이다. RFID를 위한 태그가 삽입된 요일제 스티커를 차량 앞 유리창에 붙이면 RFID의 리더가 전파를 쏴 요일제 준수 여부를 자동으로 식별하는 것이다. 그 밖에도 부산항과 인천항에 2008년까지 412억 원을 투입해 RFID를 기반으로 한 물류 시스템을 구축할 예정이다.

작은 운영 시스템(소수점 이하 밀리미터 크기까지 줄이는 게 현재의 목표이다.)은 주변과 분산된 통신망을 형성할 수 있는 프로세서들을 모아 놓은 것이다. 이 장치를 사용하면, 분산된 센서 네트워크를 통해 주변은 물론이고 멀리 떨어져 있는 기지 같은 곳에서 일어나는 수많은 변수들을 지속적으로 추적할 수 있다. 따라서 군사 기밀을 탐색하거나 주변을 감시하는 용도로는 적격이라고 할 수 있다.

이러한 다양한 잠재적 가능성에도, 아니 바로 이 잠재성 때문에 RFID의 사용을 제한하려는 운동이 일어나고 있다. 미국의 한 소비자 단체는 이 장치가 달린 제품의 구매 금지 운동을 벌였고, 그 때문에 RFID가 부착된 상품을 판매하려던 상인들이 잇따라 계획을 취소했다. RFID의 사용을 반대하는 측은 특히 다음 두 가지 이유를 내세운다.

첫째, RFID는 쉽게 제품 안에 숨길 수 있으며, 단지 기업이나 유통 업체의 재고 관리 등에만 이용되는 것이 아니라 일단 제품이 판매된 후에도 원하기만 하면 그 제품을 소유한 사람에 대한 정보를 몰래 다른 누군가에게 전할 수도 있다.

둘째, RFID의 일방적 신원 파악 방식이 정보의 연결에 쓰일 수 있다. 가령, RFID가 부착된 제품과 그 제품의 소유자에 대한 정보가 연결될 수 있다. 예를 들면 RFID가 부착된 제품을 살 때 신용 카드로 결제했다면, 제품을 통하여 보유자의 신원을 파악하는 것이 가능해진다. 이러한 과정을 통해 언뜻 보기에는 별 가치가 없어 보이는 정보들을 조합해 더 중요한 정보를 빼낼 수도 있다. 옷이나 자동차 타이어에 부착된 RFID를 추적하여 한 개인의 위치를 파악할 수 있을 뿐만 아니라 마케팅 목적으로 그가 전혀 의식하는 못하는 사이에 그 사생활도 파악할 수도 있는 것이다.

따라서 RFID의 위험성을 경계하는 단체에서는 RFID의 사용 규칙을 세세히 정하자고 제안하고 있다. 가령, 제품에 RFID 부착 여부를 반드시 표기하고, 그 사양 및 목적을 확실히 밝힐 것. RFID가 담고 있는 정보가 무엇인지를 공개하고, 소비자가 원할 때 RFID의 작동을 멈출 수 있게 할 것 등. 이미 프랑스에서는 국립 정보 자유 위원회가 앞장서서 RFID 데이터를 개인 정보와 동일하게 취급하면서 그 사용을 엄격하게 통제하고 있다.

한편, RFID 기술의 첫 번째 수혜자인 상인을 비롯하여 이 기술을 옹호하는 사람들은 RFID의 도입에 따른 여러 가지 장점을 내세운다. 판매자는 제품 관리가 쉬워지고, 고객은 지불 방식이 간편해지므로 아주 큰 편리함을 누릴 수 있다는 것이다. 그들은 RFID의 송신 범위를 제한하고 전파의 세기를 조절

하며 지속적인 사용 여부를 선택하게 할 수 있다면, RFID가 부착된 물체들의 감시 범위가 상점 내부에만 머물게 되리라는 사실을 강조한다.

그러나 신용 카드나 휴대 전화로 상품 비용을 지불할 때 RFID가 불러일으키는 불신을 누그러뜨리기 힘들다. 이론적으로는 이를 통해 소유주를 계속 추적할 수 있기 때문이다. 따라서 기업들이나 상인들은 RFID가 아무리 완벽한 재고 운영에 도움이 된다 해도 이에 대한 소비자들의 불안, 그 때문에 추락하는 기업이나 상점 이미지 등을 완전히 모르는 체하기 어려울 것이다. RFID를 둘러싼 소비자들의 불신과 때로 비이성적이기까지 한 반응이 꺼림칙할 테니까 말이다.

그렇다면 어떻게 해야 할까? 사실 이 두 가지 입장에 대하여 완전 타협이 불가능한 것은 아니다.

일단 RFID의 사용을 적절하게 규제하는 방법부터 찾아야 할 것이다. 가령, 필요한 만큼 사용한 후에는 영원히 작동하지 못하도록 한다든지 하는 등 제작 단계부터 소비자의 불안을 덜어 줄 수 있는 방법을 구상해야 하는 것이다.

생체 칩을 이식하면 어떤 문제가 있을까?

현재 기술 발달 덕분에 RFID의 체내 이식도 쉽게 가능해졌다. 언젠가는 위성 위치 확인 시스템(GPS)*과 장파 송신기가 내장되어 원격으로 사람의 위치를 파악할 수 있는 더욱 복잡한 시스템도 이식될 전망이다. 이 기술은 이미 동물이나 인간의 신원 확인에 쓰이고 있다. 2004년에는 대략 1000여 명에게 RFID가 이식되었는데, 그 동기는 아주 다양하다.

미아 문제가 심각한 멕시코에서는 베리 칩*이 시판 중이다. 이 칩은 감시하고자 하는 사람들의 행적을 '표시' 해 주는 기능을 하고 있다. 미국 식품 의약국은 길을 잃기 쉽기 때문에 위치 추적이 필요한 알츠하이머 환자들에게 의료 목적으로 인체 내

• • •

위성 위치 확인 시스템(GPS) 1970년대 초 미국 정부가 위성을 통해 물체의 위치를 측정하기 위해 군사용으로 개발한 시스템. 이 시스템은 인공위성이 보내 주는 정보를 이용하여 이동하는 물체의 위치를 정확하게 파악하도록 해 준다. 오늘날에는 일부가 민간에게 개방되어 항공, 운항, 교통, 전자 통신 등에 많은 도움을 주고 있다. 특히 많은 운전자들이 생활 속의 나침반이라 불리는 GPS를 이용하면서 급속도로 대중화하고 있는 추세이다.

베리 칩 인체 내장형 유괴 방지 시스템을 말한다.

생체 칩은 원하지 않은 개인 정보를 제공하게 만들 수도 있다.

장형 생체 칩의 사용을 허용했다.

또한 생체 칩은 분실이나 도난의 위험이 있는 배지나 카드를 대신하여 보안 지역의 출입 수단으로 사용할 수 있다. 2004년 멕시코에서는 법무장관을 비롯한 법무부 직원 160명이 법무성 보안 지역의 출입 허가와 납치 방지를 위하여 RFID를 체내에 이식했다.

끝으로 생체 칩은 지불 수단으로 이용될 수 있다. 반도체가 신용 카드가 아니라 직접 사람 안에 들어가 있다고 보면 되는 것이다! 스페인 바르셀로나의 한 유명한 나이트클럽에서는 지불 방식으로 베리 칩을 쓰고 있다. 이 칩을 통하여 지불이 자동으로 이루어지고, 나이트클럽 내의 몇몇 특별한 장소에 접근할 권한도 생긴다.

그런데 인체 내장형 칩이 사용되면서 이를 지켜보는 사람들의 불안도 커졌다.

불안의 가장 큰 원인은 당연히 그로 인해 일어날 수 있는 온갖 파행에 대한 의혹에 있었다. 가령, 테러가 야기하는 공포가 지나치면 '정상적인' 시민들을 비롯하여 모든 개인에게 생체 칩을 이식한 후 감시 대상으로 삼을 수 있다. 그러고 나면 당연히 그에 대한 반작용도 있을 수 있다. 인체 내에 이식된 칩을 제거하려고 신체를 절단할 수도 있는 것이다.

그 밖에도 RFID를 복제하여 '사기를 칠' 수도 있으며, 생체 칩이 이식된 후에는 자기 공명 영상(MRI)˙ 검사에 부적합해져서 필요한 시기에 적절한 의료 진단을 받지 못할 수도 있다. 마지막으로, 현재 인터넷 사이트 중에는 성경의 「요한계시록」을 참고로 하여 RFID와 같은 장치야말로 '짐승의 표'라고 주장하는 경우가 많다.

내가 보매 또 다른 짐승이 땅에서 올라오니 어린 양같이 두 뿔이 있고 용처럼 말하더라.(「요한계시록」 13장 11절)

그가 모든 자 곧 작은 자나 큰 자나 부자나 가난한 자나 자유인이나 종들에게 그 오른손에나 이마에 표를 받게 하고 누구든지 이 표를 가진 자 외에는 매매를 못하게 하니 이 표는 곧 짐승의 이름이나 그 이름의 수(數)라.(「요한계시록」 13장 16~17절)

● ● ● ●

자기 공명 영상(MRI) 강한 자기장 안에 환자를 눕힌 후, 상태에 따라 자기장에 달리 반응하는 이미지를 통해 환자의 상태를 파악하는 것. 방사선 피해가 없다는 장점이 있지만, 몸속에 금속과 같은 이물질이 있는 경우에는 정확한 영상이 표현되지 않는 단점도 있다.

이 성경 구절들은 새로운 기술이 야기하는 공포감이 인간 심리 아주 깊숙한 곳에 있는 상징, 이미지, 원형 등을 어떻게 움직이는지를 적나라하게 보여 준다.

4

공포를 넘어서기 위한
대책은 없을까?

위험 사회의 기술 발전은 어떠해야 할까?

과학계나 기술계, 산업계가 활동을 보고하면서 내놓는 대책은 대부분 즉흥적이어서 불충분하고 비효율적인 경우가 많다. 이는 우리가 이미 경험을 통해 알고 있는 사실이다. 그들은 회색 점액질이나 RFID에 대한 사람들의 두려움이 모두 비이성적이라고 비판한다. 심지어 그들은 나노 기술과 같은 새로운 기술에 반대하는 입장이 불법이라고 주장한다.

새로운 기술을 두려워하는 대중에게 정확한 정보를 제공하는 것(어쩌면 교육까지도!)만이 그에 대한 우려를 가라앉히는 방법이다. 우리가 어떤 음모에 빠졌을지도 모른다는 생각은 결코 상황을 제대로 파악하는 데 도움을 주지 못한다. 어차피 진전되어 갈 기술의 발전을 되돌려 보겠다고 이런저런 전략을 세

우는 것 또한 부질없는 일이다.

사회학적 관점에서 볼 때, 모든 주체는 나름대로 정당성을 가지고 행동한다. 누구나 자기 논리와 '세계관'이 과학적이지 않을 때조차도 옳다고 주장할 수 있다. 따라서 어떤 사회에서 합리성은 하나가 아니라 여럿이 될 수 있으며, 모순처럼 보이는 학자들의 다양한 의견도 당연한 것이다.

과학자들은 흔히 연구를 위한 재정적 지원을 받기 위해 이곳저곳을 설득할 필요가 있을 때에야 비로소 자신들이 연구해 온 대상에 대한 주장을 펼친다. 이때 과학 기술의 성과가 온갖 여론을 통해 알려졌다면 큰 도움이 될 것이다. 그들은 자신들이 이루게 될 발전이 진정한 혁명이라느니, '패러다임의 변화'라느니 하면서 기존의 기술과 결별해야 한다고 주장한다. 재정적인 한계가 있는 상황에서 정책 결정자들이 자기 연구에 돈을 투자하도록 설득해야 하기 때문이다. 그래서인지 과학자들은 대중이 자신들이 연구하는 기술에 대한 우려를 표시하면 서둘러서 그것을 진정시키려 한다. 이들이 가장 자주 하는 말은 새로운 기술은 완벽하게 제어할 수 있다는 것이다. 나노 과학과 나노 기술에 대한 논란도 이런 양상에서 벗어나지 않는다.

나노 과학과 나노 기술에 대한 우려와 논란을 더 잘 이해하려면, 그것이 사회 전체의 변화와 이어져 있다는 것을 잊지 말아야 한다. 새롭게 다가오는 '나노의 세계'가 대중들에게 두려움을 주는 것은 사실이다. 하지만 사회와 과학, 사회와 기술의 관계에서 일어난 근본적인 변화 역시 다양한 측면에서 그러한 두려움의 원인을 제공한다. 수많은 기술 사회학자°들이 이러한 이런 사회 변화를 해석하는 모델들을 제시하고 있다. 그중에서 독일의 사회학자 울리히 벡°이 가정한 모델이 나노 과학과 관련된 상황에 가장 잘 들어맞는 것 같다.

울리히 벡은 현대 사회를 **위험 사회**로 본다. 그의 주장에 따르면, 현대 사회는 항상 위험을 생산하고 분배하는 것이 사회 활동의 중심에 놓여 있는 새로운 형태의 사회로 변화하는 중이다. 이 사회에서 위험은 더 이상 자연에서 오는 것이 아니라 인간 자신의 활동에서 비롯된다. 따라서 이러한 벡의 주장을 지금까지 우리가 논의하고 있던 문제와 결부해 보면, 과학 기술

● ● ●

기술 사회학 새로운 기술과 관련된 사회 문제들을 연구하는 학문. 사회와 기술이 서로에게 미치는 영향을 분석하고, 과학 기술의 발달을 올바른 방향으로 이끌 수 있는 방법을 제시한다.
울리히 벡(Ulrich Beck, 1944~) 독일의 사회학자. 1986년에 『위험 사회』란 저서를 통해 서구를 중심으로 추구해 온 산업화와 근대화가 실제로는 괴물과도 같은 '위험 사회'를 낳았다고 주장했다. 뒤이은 연구에서 이를 구체화하여 현대 사회의 위기화 경향을 비판하는 학설을 내놓아 주목을 받고 있다.

지식 자체를 포함하여 그 지식의 활용 방법과 범위를 정하는 통제 규칙, 그 규칙을 정하는 절차 등 거의 모든 것에 위험이 내재되어 있다. 근대 초기에는 과학과 기술에 대한 끝없는 믿음과 신뢰가 발전의 근원이었다. 하지만 이제는 과학 기술의 발전이 내포하는 위험에 대해 좀 더 신중한 사고가 필요하게 된 것이다.

울리히 벡이 성찰적이라고 부르는 사회는 근거 있는 의심과 불확실성에 대한 우려를 바탕으로 과학 기술에 대한 신중한 사고를 견지하는 사회이다. 그러한 사회에서 과학은 지금보다는 좀 더 지역적이고 주변 환경에 어울리는 특성을 갖게 된다.

성찰적 사회에서는 사회 전체가 위험의 생산과 분배 시스템을 비판적으로 분석할 수 있으므로 민주주의 체제에도 변화가 생긴다. 이런 사회에서는 몽테스키외°와 로크°의 철학적 개념을 기초로 한 전형적인 민주주의가 점차 많은 사람들이 심사숙

● ● ●

몽테스키외(Montesquieu, 1689~1755) 프랑스의 계몽 사상가, 입법, 사법, 행정의 삼권 분립을 처음으로 주장했다.
존 로크(John Locke, 1632~1704) 영국의 철학자이자 정치 사상가, 옥스퍼드 대학에서 철학, 정치, 종교, 의학을 공부하였다. 계몽 철학의 개척자로서 몽테스키외의 삼권 분립을 낳는 데 큰 영향을 끼쳤다.

고해 의사를 결정하는 민주주의로 대치된다. 따라서 과학 기술과 관련한 온갖 의사도 새로운 모델에 따라 결정된다.

기존의 접근 모델에서는 어떤 기술이 먼저 지식을 이용하여 일정한 기능을 하는 대상(기술적 대상)을 개발하여 그것이 사람들 사이에서 널리 쓰이고 난 후에야 비로소 그에 대한 성찰이 시작된다. 기술적 대상이 먼저 존재하고 그에 대한 성찰은 나중에 시작되는 것이다. 이러한 모델은 보통 기술적 대상에 대한 사회적 우려를 의심스러운 눈초리로 바라보며, 그러한 사회적 저항을 어떤 식으로든 극복해 나가면서 기술적 대상이 점차 확산되는 것을 목표로 한다.

그러나 기술 사회학이 제안하는 새로운 모델에서는 이와 다른 방식으로 기술적 대상이 결정된다. 새로운 모델에서는 기술적 대상이 결정되기 전에, 관련 기술을 다루는 과학자들이나 공학자들의 심사숙고와 그 기술의 쓰임새 및 그에 따른 결과에 관심이 있는 시민들 사이의 대화와 토의 과정이 필수적이다. 사실 RFID에 관한 논쟁에서 반대자들을 설득할 수 있는 기술적 특성을 하나하나 선택할 때 이미 이러한 과정을 거쳤다고 할 수 있다.

그렇다면 이제 나노 기술의 발전에 따라 나타날 수 있는 여러 가지 문제들을 사회 변화에 발맞추어 해결하려면 어떻게 해야 할지를 살펴보도록 하자.

나노 물질의 연구를 막을 수 있을까?

먼저 나노 물질에 대한 연구가 '나쁜 결과를 낳는 경우'와 '윤리적인 이유 등으로 하지 않는 편이 나은 경우'(이것은 특히 회색 점액질처럼 자기 복제가 가능한 나노 로봇과 관련이 있다.)를 경계해야 한다. 이를 위해서는 연구를 통제할 수 있는 사회적이고 제도적인 장치가 필요하다.

이 장치의 목표는 과학과 기술에 대한 토론의 장을 여는 것으로 다음 두 가지 장애물을 피해야 한다.

첫째, 나노 물질에 대해 어떤 의문을 제시해도 이것이 발전에 대한 반대로 여겨져서는 안 된다.

둘째, 나노 물질에 대한 맹목적인 신뢰와 기대가 이성적 접근보다 앞서지 말아야 한다. 다시 말해 누구나 다음과 같은 질문을 자유롭게 던질 수 있어야 한다. 나노 물질과 관련하여 불확실한 요소는 없을까? 실제로 예상 가능한 위험은 무엇일까? 나노 물질의 장점은 무엇이고, 단점은 무엇일까? 그 장점에서 이득을 보는 사람은 과연 누구일까? 나노 물질의 단점은 언제,

어떻게 나타나는 것일까? 과학자들 사이의 논쟁이 정말로 '필요한' 것일까? 논쟁의 중심에 있는 것은 무엇일까?

기술 사회학자인 미셸 칼롱●은 과학 기술 연구와 관련하여 과학자, 기업, 정부 기관, 협회, 시민 등 여러 주체들 간에 토론이 활발히 이루어질 수 있는 장이 필요하다고 주장한다. 이렇게 여러 주체들이 자기 목소리를 마음껏 쏟아 낼 수 있는 **하이브리드 토론의 장**은 나름의 운영 원칙을 가져야 하며, 토론 결과와 구체적인 결정 절차 사이에는 분명한 관련성이 있어야 한다.

사실 대부분은 토론에서 비롯된 결론이나 합의에서 결정이 나온다. 하지만 처음부터 결론이 명시되어 결정 절차에 영향을 끼칠 수도 있음을 경계해야 한다. 그보다는 토론 그 자체가 과학 기술과 관련한 여러 가지 선택 사항들을 두루 살펴보면서 참가자들 전체가 학습하는 계기가 되어야 한다. 이 토론에서는 심지어 과학 기술에 대한 문외한의 초보적인 의문도 존중되고

●●●

미셸 칼롱(Michel Callon, 1945~) 프랑스의 기술 사회학자. 브뤼노 라투르와 함께 "과학 기술 지식의 생산과 전파 그리고 뒤따르는 발전 과정을 이해하기 위해서는 관련 과학자나 이해 집단과 같은 사람만이 아니라 병원균이나 전동차와 같은 인간이 아닌 생명체나 사물도 행위자로 분석에 포함시켜야 한다."(이상욱, 「브뤼노 라투르의 '행위자 연결망 이론' 」, 《한겨레》 2005년 9월 15일)는 '행위자 연결망 이론'을 정립했다.

경청되어야 할 것이다. 시간을 충분히 두고 열린 토론 과정을 거치면서 순서 있게 절차를 밟는다면 논란을 해결할 수 있는 구체적인 방안을 마련할 수 있을 것이다.

바로 코앞에 닥친 위험이 없고 논란이라고 할 만한 것조차 전혀 없을 때조차도 대중들은 토론의 장을 통해 상반된 진실을 담고 있는 다양한 정보들을 접하게 된다. 이런 경우에 '진짜' 문제에 집중하려면 불필요한 상상을 없애는 것이 중요하다. 예를 들면, 양자 구속 효과*를 내세우면서 나노 기술에 대한 공포를 조장하는 것은 전혀 근거 없는 주장이다. 이럴 때 우리는 정확하게 그 주장을 보여 준 후 그 허위성을 증명해야만 한다. 반면 나노 기술이 고분자 물질이나 생물체와 결합되는 것은 쉽게 무시해 버릴 문제가 아니다.

나노 물질에 대한 연구를 방해하지 않으면서도 이를 통제하는 방법에는 사실상 한계가 있다. 연구의 세계화 때문이다. 만약 멈추게 해야 할 정당한 이유가 있는 연구가 지구 반대편에

● ● ●

양자 구속 효과 광자나 전자와 같은 소립자를 조작할 때 나타나는 효과. 물질이 나노 크기로 줄어들면 전자의 파동 운동이 제약되어 양자화 현상이 나타나게 되면서 에너지 준위가 불연속해진다. 이처럼 물질의 크기가 변함에 따라 나타나는 에너지 준위의 변화를 '양자 구속 효과'라고 한다.

서 진행되고 있다고 치자. 어떻게 할 것인가?

군사 및 경제 부문에서 치열한 경쟁을 벌이는 세계 각국과 다국적 기업들은 세력을 키우거나 시장을 점령하기 위해 과학 연구를 이용하고 있다. 그들은 연구 결과를 통해 경쟁에서 이겨 결정적인 이익을 올릴 기회를 노린다. 뒤퓌가 이미 지적했듯이, 이런 상황에서는 어떤 나라에서 연구가 금지되면 해외에서라도 연구를 계속하려고 할 것이다. 물론 아주 세부적인 부분까지 국제적 합의가 이루어지고, 그에 맞는 통제 장치가 마련된다면 미래의 청사진은 훨씬 밝아질 것이다.

나노 물질에 대한 연구 결과로 생산된 제품을 통제하는 것도 중요한 문제이다. 만약 생태계나 먹이 사슬 등에 광범위하게 퍼질 경우 그 피해를 절대로 복구할 수 없는 제품이 개발되고, 우리가 이 제품의 생산이나 유통을 막을 수단이 전혀 없다면 어떻게 될까?

이 질문에 답하려면, 일단 열린 토론의 장으로 나아가야 한다. 사회를 이루는 여러 주체들이 한자리에 모여 자유로운 토론을 벌이며 서로 의견을 경청하고 존중하는 자세가 필요한 것이다. 토론의 준비 단계에서 먼저 토론 결과에 대한 여러 가지 의문을 최소한으로 줄이기 위한 각종 연구를 마쳐야 한다. 그래야 토론으로 증명할 수 없는 사실을 둘러싸고 벌어질 수 있

나노 기술과 관련된 온갖 논란을 진정시키기 위해서는 열린 토론의 장으로 나아가야 한다.

는 무의미한 의견 충돌을 막을 수 있으며, '과학으로 해결되지 않는' 문제들에 집중하여 논의하기도 쉬워진다. 이런 절차들은 잠재적 위험을 지닌 제품들의 시판을 인증하는 장치를 마련하는 데 도움이 될 것이다.

나노 기술 개발을 둘러싼 논쟁에서 중요한 것은 균형점을 찾는 일이다. 활기 넘치는 기술 혁신, 기업들의 모험심에 대한 지속적인 장려, 환경과 국민에 대한 보호라는 세 요소의 균형점 말이다. 그런데 현재의 느슨한 규제 장치만으로도 모든 것이 가능할까? 무분별하게 새로운 제품을 개발하지 못하도록 어떤 제도를 마련해야 하지 않을까?

나날이 새로운 제품의 수가 늘고 종류도 다양해지면서 제품의 개발에 대한 제도적 규제의 필요성이 더욱 절박해지고 있다. 만일 중대한 장점을 가진 몇몇 제품을 대량 생산해야 한다면, 이에 대해 의약품 감독 체제와 비슷한 감시 및 경고 제도를 마련해야 할 것이다.

마지막으로 울리히 벡이 이야기했듯이, 이제 위험이라는 요소는 기술 과학이 주도하는 현대 사회에 정상적으로 자리 잡고 있음을 명심해야 한다. 이 사회에서는 연구 성과가 쉽게 응용되어 상품으로 바뀐다. 때문에 사회 내의 모든 주체들은 스스로 자기 행위와 그 결과물에 대하여 성찰하는 태도부터 빨리

배워야 할 것이다.

기술 혁신의 딜레마를 어떻게 해결할까?

이 질문과 관련해서 중요한 것은 과학적 발견과 기술 혁신을 잘못된 방향으로 이용하는 일이 없어야 한다는 것이다. 또 가능하면 기술 혁신이 의식적으로 본래 목표에서 벗어나 '역효과'를 내지 않도록 해야 한다. 그런데 '오용'이라는 말은 상대적이다 못해 그때그때 그 뜻이 완전히 바뀔 수 있는 개념이다. 게다가 기술 혁신에 따른 이익을 바라보는 시각도 서로 대립할 수 있다. 문제는 이처럼 상반되는 시각들 사이에 합의점을 찾기가 어렵다는 것이다.

이러한 경우의 가장 흔한 예는 전례 없는 편리함이 동시에 새로운 딜레마를 몰고 오는 경우이다. 앞에서 우리는 RFID에 대해 논하면서 이를 경험한 바 있다. 어떤 사람들은 RFID를 사용하면 보안 기술, 건강 관리, 생산 및 유통 과정의 통제 등에서 막대한 이득이 있다고 반긴다. 그러나 어떤 사람들은 이 기술이 개인의 자유를 침해할까 봐 두려워한다. 첨예한 두 논리가 맞서고 있는 것이다. 둘 중 어느 쪽도 절대적 진리가 아니며, 그렇다고 어느 쪽이 그르다고 할 수도 없다.

이 딜레마를 해결하려면 사회 전체가 실질적인 발전이 무엇인지를 어느 정도 합의하고 있어야 한다. 또한 이런 딜레마를 해결하는 것은 어느 정도 정치적인 문제이기 때문에 결정 절차가 분명하고, 결정 과정이 투명해야 한다. 이미 몇몇 연구나 기술 개발은 인류 사회의 가치관이나 공동선과 너무나 상반된 나머지 금지 대상이 된 바 있다. 그러나 이러한 금지는 상품의 제조 및 유통이 지구화되면서 통제를 벗어날 수 있다는 문제점이 있다.

과연 위에서 언급한 제안이 과학 기술의 발전과 함께 정기적으로 나타나는 논란들을 효율적으로 해결할 수 있을까? 일단 그러한 제안들을 실행해 보기 전에는 알 수가 없다. 이 점에서 나노 기술은 하나의 시범 케이스가 될 수 있다. 나노 기술이 제대로 발전도 하기 전에 우려와 공포부터 먼저 터져 나오는 실정이니까. 이제 이 분야의 개척자들은 나노 연구의 진행 과정에 하나의 새로운 단계를 포함해야 할 것이다. 나노 기술의 위험에 대한 정당한 의문에 귀를 기울이고, 그로 인한 대중의 공포에 대해 대처 방안을 마련하는 것이다.

더 읽어 볼 책들

- 조영호 외, 이인식 엮음, 『**나노기술이 미래를 바꾼다**』(김영사, 2002).
- 현원복, 『**나노 기술과 인간**』(까치글방, 2005).
- 가와이 도모지, 노승정 옮김, 『**나노테크놀로지는 무엇인가?**』(북스힐 2005).
- 고바야시 나오야, 김광남 옮김, 『**나노 테크놀로지**』(광문각, 2005).
- 모리타 세이조, 이인숙 옮김, 『**알기 쉬운 나노기술**』(교보문고, 2002).
- 에드 레지스, 노승정 옮김, 『**나노 테크놀로지**』(한승, 1998).
- 음리히 벡, 홍성대 옮김, 『**위험 사회**』(새물결, 1997).

논술·구술 시험은 논리적이고 종합적인 사고를 요구한다. 다음에 제시된 문제는 이 책의 주제와 연관이 있는 논술·구술 기출 문제이다. 이 책을 통하여 습득한 과학적 지식과 원리, 입체적이고 논리적인 접근 방식을 활용하여 스스로 문제에 답해 보자.

▶ 응용 화학이 정보 통신 분야 중에서 어떤 곳에 이용될 수 있는지 설명해 보시오.

▶ 이동 통신의 발달이 개인에게 미치는 영향을 말해 보시오.

▶ 21세기를 주도할 과학은 무엇인지 말해 보시오.

옮긴이 | 이수지

숙명여대 불문과 재학 중 프랑스로 유학, 파리 5대학에서 언어학 박사 과정을 수료했다. 현재 전문 번역가로 활동 중이다.

민음 바칼로레아 20

나노 기술, 축복인가 재앙인가?

2판 1쇄 펴냄 2021년 3월 30일
2판 5쇄 펴냄 2024년 8월 8일

1판 1쇄 펴냄 2006년 3월 17일
1판 6쇄 펴냄 2012년 4월 13일

지은이 | 루이 로랑, 장클로드 프티
감수자 | 손병혁
옮긴이 | 이수지
발행인 | 박근섭
펴낸곳 | ㈜민음인

출판등록 | 2009. 10. 8 (제2009-000273호)
주소 | 06027 서울 강남구 도산대로 1길 62 강남출판문화센터 5층
전화 | 영업부 515-2000 **편집부** 3446-8774 **팩시밀리** 515-2007
홈페이지 | minumin.minumsa.com

도서 파본 등의 이유로 반송이 필요할 경우에는 구매처에서 교환하시고
출판사 교환이 필요할 경우에는 아래 주소로 반송 사유를 적어 도서와 함께 보내주세요.
06027 서울 강남구 도산대로 1길 62 강남출판문화센터 6층 민음인 마케팅부

㈜민음인은 민음사 출판 그룹의 자회사입니다.